Lasst uns fröhlich Lieder singen!

Die Auswirkung des Gesangbuches

für Gesellschaft und Gemeinde

in seinen 500 Jahren

von Hans-Jürgen Sträter

Impressum

Lasst uns fröhlich Lieder singen!

Die Auswirkung des Gesangbuches für Gesellschaft und Gemeinde in seinen 500 Jahren

von Hans-Jürgen Sträter, Adlerbuch

Coverfoto: Wilhelm Makus

Ausgabe vom 1. Juli 2024

Herstellung und Verlag: BoD - Books on Demand, Norderstedt

ISBN: 9783758308154

Hier weitere Bücher, die Hans-Jürgen Sträter herausgegeben hat:

Allen Musikfreunden gewidmet, die mich für das gemeinschaftliche Singen begeistern konnten

Der HERR ist meine Stärke und mein Schild;

auf ihn traut mein Herz und mir ist geholfen.

Nun ist mein Herz fröhlich,

und ich will ihm danken mit meinem Lied.

Psalm 28, 7

Inhalt

Singt, singt dem Herren neue Lieder!

Er ist's, der Gnadenwunder tut.

Was einstens war, gibt er heut wieder:

das Amt des Geistes, welch ein Gut,

ein Licht, den Glaubensweg zu finden,

ein Berg, draus Jesus Liebe quillt.

Singt, singt und lasst uns froh verkünden,

wie er des Sünders Sehnen stillt.

Den Herren preist mit Herz und Händen,

die schön bereitet seine Braut.

Sein Werk wird herrlich er vollenden,

dann tönen Jubellieder laut.

Frohlocket, jauchzet! Preist, Erlöste,

den Herrn in seiner Herrlichkeit.

Er war und ist und bleibt der Höchsten

von Anbeginn – in Ewigkeit.

(Text nach Matthias Jorissen von Helmut Keck)

Vorwort

Das Wort „fröhlich" hört sich heute für viele sehr verstaubt und nicht mehr zeitgemäß an. Längst hat sich hier die Sprache verändert, auf die Ersatzbegriffe möchte ich in diesem Kontext aber nicht eingehen.

Im Psalm 132,16 steht: ... *und ihre Heiligen sollen fröhlich sein* und das Gleichnis vom verlorenen Sohn (Lk 15,24) endet mit den Worten: ... u*nd sie fingen an, fröhlich zu sein.*

Über die „Fröhlichkeit" finden wir viele Hinweise in der Bibel, denn der Begriff ist verwandt mit der *frohen Botschaft*, dem Evangelium.

So finden wir in dem Liederschatz des Gesangbuches ausgesprochen viele Texte, die uns fröhlich machen sollen und können. Das Singen ist dazu das beste Medium, freudige Emotionen und Fröhlichkeit (nach Möglichkeit gemeinsam) immer wieder auszudrücken.

Oft finden wir in den Psalmen die Aufforderung an alle Sänger: *Singet dem Herrn ein **neues** Lied!*

Das Gesangbuch von Martin Luther hat 2024 seinen 500. Geburtstag.

Das hat mich angeregt, näher auf das „Geheimnis" des Kirchenliedes einzugehen und die Bedeutung des gemeinsamen Gesangs, nicht nur für die Reformation in Deutschland, ausführlicher aufzuzeigen.

Hans-Jürgen Sträter, im Juni 2024

Die Geschichte zu „Singet dem Herrn ein neues Lied!" (BWV 190)

Bach schrieb die Kantate in seinem ersten Jahr in Leipzig für Neujahr 1724. Der Tag wurde als Fest der Beschneidung des Herrn gefeiert. Die vorgeschriebenen Lesungen für den Festtag waren Gal 3,23–29 LUT, die Heiden werden sich bekehren, und Lk 2,21 LUT, die vorgeschriebene Beschneidung und Namensgebung Jesu nach acht Tagen. Der unbekannte Textdichter, möglicherweise Picander, bezieht sich nur in allgemeiner Weise auf die Lesungen. Die Namensgebung wird am Ende von Satz 4 erwähnt, und in der folgenden Arie beginnt jede Zeile mit dem Namen Jesus. Ansonsten überwiegen Lob und Dank für die Gaben der Vergangenheit und die Bitte um weiteren Segen. Für den Eingangschor stellte der Dichter Verse aus zwei Psalmen mit dem Beginn von Martin Luthers deutschem Tedeum zusammen, im Einzelnen kombinierte er Ps 149,1 LUT und Ps 150,4,6 LUT mit *Herr Gott, dich loben wir*. Die Worte des Tedeum erscheinen erneut in Satz zwei, erweitert um Rezitative. Der Schlusschoral ist die zweite Strophe von Johannes Hermans *Jesu, nun sei gepreiset* (1591). (Quelle: Wikipedia)

Hier können Sie die Bach-Kantate hören:

Bibel und Gesangbuch – zwei Seiten einer Medaille

In der Bibel finden wir viele Loblieder, nicht nur in den Psalmen. Auch das „Lied des Moses", das „Hohelied der Liebe" die „Klagelieder von Jeremia" sowie die „Lobgesänge" der Maria und des Zacharias zeugen davon.

In der Offenbarung des Johannes wird besonders „Das neue Lied" betont. Und die Psalmen waren den Menschen schon immer ein großes Vorbild und eine Aufforderung, um zu singen.

Die Evangelische Verlagsanstalt Leipzig hat mit „Singet dem Herrn ein neues Lied – 500 Jahre evangelisches Gesangbuch (1524 -2024)" von Johannes Schilling und Brinja Bauer den „Ruf" aufgenommen.

In den Kirchenliedern finden wir viele Geschichten und Gebete der Bibel wieder, auch hier erfolgt die Verkündigung des Evangeliums, der frohen Botschaft, Gott zum Lobe und den Menschen zur Freude.

Die Bibel und das Gesangbuch sind deshalb 2 Seiten einer Medaille.

Martin Luther hat mit seiner Bibelübersetzung in die deutsche Sprache UND durch seine Initiative, Lieder für ein Gesangbauch zu dichten sowie zu sammeln, eine großartige Pionierarbeit geleistet.

Dabei hat der Reformator selber ca. 45 Lieder geschrieben und wollte damit die Wichtigkeit des Gemeindegesangs unterstreichen.

Ein feste Burg ist unser Gott in einer Fassung von 1581

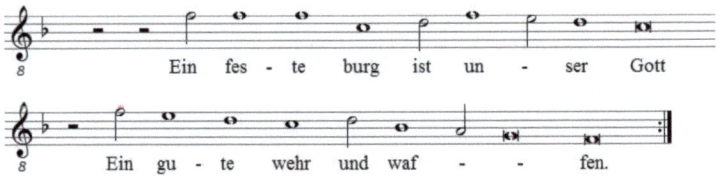

Ein fes - te burg ist un - ser Gott
Ein gu - te wehr und waf - - fen.

Ein feste Burg ist unser Gott in einer späteren Fassung

Ein fe - ste Burg ist un - ser Gott, ein gu - te Wehr und Waf - fen.

Ein feste Burg ist unser Gott,

ein gute Wehr und Waffen.

Er hilft uns frei aus aller Not,

die uns jetzt hat betroffen.

Der alt böse Feind

mit Ernst er's jetzt meint,

groß Macht und viel List

sein grausam Rüstung ist,

auf Erd ist nicht seinsgleichen.

(Martin Luther)

Gemeinde und Gesangbuch

Vor der Reformation war es in den Gottesdiensten üblich, das nur der Chor (oft in lateinischer Sprache) sang. Die Gemeinde war zwar auch in den Gottesdienst eingebunden, doch bloß innerhalb der Liturgie.

Durch das Evangelische Gesangbuch wurden die Gläubigen

1. mit dem Evangelium intensiver bekannt gemacht.

2. durch den Gemeindegesang aktiv in die Gestaltung des Gottesdienstes mit einbezogen.

3. aufgrund des gemeinsamen Singens im Zusammengehörigkeitsgefühl gestärkt.

4. langfristig mit viel mehr Selbstbewusstsein, Selbstwertgefühl und Bekennermut erfüllt.

Auch wenn die meisten am Anfang kein eigenes Gesangbuch hatten, waren die Melodien der Lieder aus Volksliedern bekannt, was Martin Luther sehr zu nutzen wusste. Das ständige Wiederholen prägte die Texte selbstredend schnell in das Gedächtnis der Gemeinde ein.

Das bekannteste Lied von Martin Luther wurde in der Reformation: „Ein feste Burg ist unser Gott, ein gute Wehr und Waffen…"

Es verbreitete sich wie ein Lauffeuer und wurde verständlicherweise nicht nur in den Kirchen mit großer Begeisterung gesungen...

Nun freut euch, lieben Christen g'mein,

und lasst uns fröhlich springen,

dass wir getrost und all in ein

mit Lust und Liebe singen,

was Gott an uns gewendet hat

und seine süße Wundertat;

gar teu'r hat er's erworben.

Er sprach zu mir: „Halt dich an mich,

es soll dir jetzt gelingen;

ich geb mich selber ganz für dich,

da will ich für dich ringen;

denn ich bin dein und du bist mein,

und wo ich bleib, da sollst du sein,

uns soll der Feind nicht scheiden.

(Martin Luther)

Das Geheimnis des Kirchenliedes

Was wäre aus der Reformation ohne das Gesangbuch geworden?!

Zuerst gab es gab es nur einen intensiven Streit unter Theologen, wie es oft in der Geschichte der Kirche vorkam, siehe die frühen Konzile.

Die Bibelübersetzung von Martin Luther in die deutsche Sprache war natürlich ein Meilenstein – doch wer konnte vom Volk damals lesen bzw. sich das teure Buch (trotz Buchdruck) überhaupt kaufen? Die Menschen kannten in dieser Zeit das Evangelium nur auszugsweise, wie es der Pfarrer ihnen „zugemutet" hatte. Die Bilder in der Kirche sowie die kirchlichen Festtage waren zwar Basis für ein Verstehen der frohen Botschaft, aber vieles bekam deshalb auch einen falschen Schwerpunkt, wie uns eine überbordende Marienverehrung beweist.

Doch durch die Kirchenlieder, die neuen „Schlager" der damaligen Zeit, wurden die Gedanken der Reformation in eine große Öffentlichkeit getragen. Besonders das o.g. Lied „Ein feste Burg ist unser Gott" wurde DAS Lied der Reformation, von vielen sogar als das „Kampflied" der dynamischen Glaubensbewegung bezeichnet.

Welche Macht von Liedern ausgeht, haben später auch andere Beispiele wie die „Marseillaise" und „Die Internationale", praktisch jede Nationalhymne, bewiesen.

Ist das Kirchenlied der geheime Trumpf der Reformation geworden?!

Sollt ich meinem Gott nicht singen?

Sollt ich Ihm nicht fröhlich* sein?

Denn ich seh in allen Dingen,

wie so gut Er's mit mir meint.

Ist's doch nichts als lauter Lieben,

das sein treues Herze regt,

das ohn Ende hebt und trägt,

die in seinem Dienst sich üben.

Alles Ding währt seine Zeit,

Gottes Lieb in Ewigkeit.

Weil denn weder Ziel noch Ende

sich in Gottes Liebe findt,

ei, so heb ich meine Hände

zu Dir, Vater, als Dein Kind,

bitte, wollst mir Gnade geben,

Dich aus aller meiner Macht

zu umfangen Tag und Nacht

hier in meinem ganzen Leben,

bis ich dich nach dieser Zeit

lob und lieb in Ewigkeit!

(Paul Gerhardt)

* Im Urtext verwendete Paul Gerhardt: „**fröhlich**".

Ein Gottesdienst ganz ohne Gesang und Musik, ist das vorstellbar?!

Vielleicht kann eine Gemeinde eher ohne einen Geistlichen als ohne den gemeinsamen Gesang auskommen. Es gibt Beispiele, dass sich in vielen Ländern, wo es keine Prediger gab bzw. geben durfte, die Menschen Trost und auch Kraft im gemeinsamen Gesang ihrer Kirchenlieder gefunden haben. Oft haben unsere Mitchristen so viele Jahre ihren Glauben gestärkt und gelebt. In einigen Ländern wie z.B. in Albanien durfte man weder Bibel noch Gesangbuch besitzen. Manche Bibelverse kannten die Gläubigen auswendig, dazu gab ihnen das Singen der altbekannten Kirchenlieder Glaubensstärke sowie Zuversicht und stärkte die Gemeinschaft.

In unserer Zeit habe ich Gottesdienste erlebt, in der nur der Pastor gesungen hat. Irgendwie wirkt da eine Gemeinde ziemlich „leblos".

Wenn man auch heute den Eindruck gewinnen muss, dass Predigten Kirchen leeren – bei musikalischen Veranstaltungen wie Oratorien und geistigen Messen etc. sind die Gotteshäuser wieder richtig voll. Es wird dann sogar „Eintritt" beim Besuch einer Kirche gezahlt.

Das gibt Hoffnung! Wenn das Wort die Herzen nicht mehr erreicht, Gesang und Musik berühren gläubige Herzen aktuell immer noch.

Alzheimerpatienten können ihre Lieder noch sehr lange singen.

Jesu, hilf siegen, du Fürste des Lebens;

sieh, wie die Finsternis dringet herein,

wie sie ihr höllisches Heer nicht vergebens

mächtig aufführet, mir schädlich zu sein.

Satan, der sinnet auf allerhand Ränke,

wie er mich sichte, verstöre und kränke.

Jesu, hilf siegen! Ach wer muss nicht klagen:

Herr, mein Gebrechen ist immer vor dir!

Hilf, wenn die Sünden der Jugend mich nagen,

die mein Gewissen mir täglich hält für.

Ach lass mich schmecken dein kräftig Versühnen

und dies zu meiner Demütigung dienen!

Jesu, hilf siegen und lass mir's gelingen,

dass ich das Zeichen des Sieges erlang;

so will ich ewig dir Lob und Dank singen,

Jesu, mein Heiland, mit frohem Gesang.

Wie wird dein Name da werden gepriesen,

wo du, o Held, dich so mächtig erwiesen.

(Johann Heinrich Schröder)

Das Gesangbuch, eine Basis für die Bildung

Unser Bischof Hans-Zier aus Köln stellte uns in einem Jugendgottesdienst einmal eine Frage: „Wer ist der größte Meistermacher?"

Wir waren ziemlich verwirrt und konnten mit dieser humorvollen Provokation natürlich nichts anzufangen. Dann kam seine überraschende Antwort: „Die **Übung**, das ist der größte Meistermacher!"

Alle lachten darüber, wie einfach und wie wahr ist diese Erkenntnis. Obwohl schon etliche Jahrzehnte her, das bleibt mir unvergessen...

Wie viel Übungen haben wir in der Schule doch machen müssen, um uns einen entsprechenden Wissensstand anzueignen?!

Genau so ist es mit den Kirchenliedern. Eine wesentliche Erleichterung gibt es dabei. Die Verse reimen sich, dazu eine passende Musik (einprägsame Melodien, manchmal sogar mit instrumentaler Begleitung) und das eigene aktiv werden erleichtert das Lernen der Lieder sehr (Es ist ein großer Unterschied, ob ich einen Text nur lese oder ihn „vor"lese). Deshalb damals wurde das Singen der Kinder noch mehr in der Schule als pädagogisches Mittel verwendet als in der Kirche. Man sang nicht nur im Musikunterricht, sondern auch bei anderen Gelegenheiten, beim Schülerausflug, am Lagerfeuer etc.

Das gemeinsame Singen war so nicht nur ein gutes Gehirntraining, sondern kann deshalb auch als Basis für die Bildung gesehen werden.

Der bekannte Waisenhausvater August Hermann Francke aus Halle hat dieses voll erkannt und ausgiebig für seine Pädagogik genutzt.

Ein Besuch seiner Schulstadt, der vor gut 300 Jahren gegründeten „Franckeschen Stiftungen", insbesondere des dortigen Singesaals (in dem bis 2000 Sänger auftraten) bezeugen es ausgesprochen deutlich.

Der Pietist Francke nahm Waisenkinder auf, daraus wurden Schüler und Studenten. Doch sein Wirken ging weiter: seine „Nachfolger" wurden neue „Waisenhausväter" – viele christliche Liedermacher. So baute der geniale Pädagoge schon früh ein weltweites Netzwerk auf.

Anmerkung: Friedhelm Deis aus meiner Heimatstadt Witten wies mich vor ca. 30 Jahren auf das Buch von Wolfgang Heiner hin: „Bekannte Lieder und wie sie entstanden sind". Hier las ich, dass viele Kirchenlieder und Liedermacher aus Halle kamen. Horst Heuer, mein Dichterfreund aus Leipzig erzählte mir dann, dass die Franckeschen Stiftungen (unter der Leitung des Bibliothekars der berühmten Herzog-August-Bibliothek in Wolfenbüttel, Prof. Paul Rabe) wieder neu aufgebaut würden. (Die DDR hatte das christliche Bildungszentrum verfallen lassen).

Das fand ich so spannend, dass ich das „Cambridge" Preußens 1995 das erste Mal besuchte. Später war ich oft hier und konnte viele interessante Details entdecken. 1710 gründete hier z.B. der 10-jährige Nikolaus Ludwig Graf von Zinzendorf mit seinen Mitschülern einen „Senfkornorden".

(Buchtipp: „Ein Senfkorn für die Welt".)

Höhepunkte des Gesangbuchs

Einige Jahrhunderte lang waren das Gesangbuch DER Renner auf dem Büchermarkt. Das gab es in vielen unterschiedlichen Ausgaben, z.B. für Soldaten, Gefangene, Adel, Schüler und Kinder usw. Dazu entwickelte sich nach und nach eine gewisse Konkurrenz zwischen den Städten und den einzelnen Gebieten Deutschlands.

Etliche Liedertexter wie z. B. Gerhard Tersteegen gaben ihr eigenes Gesangbuch (ein „Geistliches Blumengärtlein") heraus.

Diese Literatur war so hoch angesehen, dass Gesangbücher in immer neuen Auflagen verlegt wurden, z. T. mit über 50 Nachdrucken.

Als es diverse Auswanderungswellen in Deutschland gab, sowohl in den Osten Europas als auch in den Westen Amerikas, war neben der Bibel das Kirchengesangbuch das wichtigste Buch der Emigranten. Es wurde in der neuen Heimat so gerne genutzt, dass man hier heute noch bei den Nachkommen ganz alte Ausgaben finden kann.

Insgesamt gab es hunderte Variationen der deutschen Liedersammlungen mit insgesamt tausenden Liedern. So konnte für ein zeitgemäßes, neues Gesangbuch aus einem alten Bestand die schönsten Lieder mit den aktuellen Texten leicht zusammengestellt werden.

Auch hier wirkt der Aufruf der Psalmen auch weiterhin:

„Singet dem Herrn ein neues Lied!"

Meine Lippen und meine Seele

sollen fröhlich sein und dir lobsingen.

Psalm 71,23

Das Gesangbuch im Sturm der Zeiten

Wenn das evangelische Kirchengesangbuch 2024 den 500. Geburtstag feiert, wird uns bewusst, wie viele Epochen der Geschichte es durch- und überstanden hat. Und alle diese historischen und gesellschaftlichen Veränderungen und Entwicklungen haben selbstredend deutliche Spuren sowie Prägungen bei der Art der Lieder verursacht.

Da gab es das orthodoxe Luthertum, dass ganz im Gegensatz zum Pietismus stand, auch die reformierte Kirche bekam ihr Gesangbuch mit der Vertonung der 150 Psalmen, die Aufklärung sowie der Rationalismus schufen speziell nüchterne sowie verkopfte Texte. Daraufhin folgte die Romantik und die Erweckungsbewegung des 19. Jahrhunderts, die unseren Liederreichtum mit sehr begeisternden, gefühlsbetonten und wunderbaren Gesängen nachhaltig bereicherte.

Gospels und die Taize-Gesänge geben heute den Kirchenliedern eine zeitgemäße Dynamik und erreichen, dass ebenfalls junge Menschen sehr motiviert werden, Gott von ganzem Herzen freudig zu loben.

Auch in ganz anderen Musikstilen wie in der Schlager und Pop- und modernen Unterhaltungsmusik kann man immer wieder christliche Texte finden, die unsere Emotionalität intensiv ausdrücken können.

So wird es auch in Zukunft stets ein fröhliches Lied geben, das wir mit großer Freude und natürlich auch gemeinsam singen werden...

O dass ich tausend Zungen hätte

und einen tausendfachen Mund!

Mit Engeln stimmt ich um die Wette

aus allertiefsten Herzensgrund

ein Loblied nach dem andern an

von dem, was Gott an mir getan!

Ich will von deiner Güte singen,

solange sich die Zunge regt,-

Ich will dir Freudenopfer bringen,

solange sich mein Herz bewegt,

Ja, wenn der Mund wird kraftlos sein,

so stimm ich noch mit Seufzen ein.

(Johannes Mentzer) Anmerkung: Der Liederdichter ging in seiner Familie durch tiefes Leid. Aus diesen schweren Erfahrungen hat er seine über 100 Lieder gedichtet. Seine Ehefrau starb schon nach sechs Ehejahren im Alter von 32 Jahren, nachdem sie unter schrecklichen Schmerzen und mit großem Blutverlust Zwillinge geboren hatte. Um für seine sechs Kinder zu sorgen, heiratete Mentzer wieder. Von den sieben Kindern aus der zweiten Ehe blieb nur das älteste am Leben. Im Jahr 1776 starben innerhalb von 22 Tagen vier seiner Kinder. Der erschütterte und tief gebeugte Vater schrieb ins Totenregister: *Ach, mein Gott, was tust du einen so schmerzlichen Herzensriss nach dem andern! Doch es sei dein Name hoch gelobt.*

Er lebte die zu dem o.g. Lied gehörende Strophe:

Wie sollt ich nun nicht voller Freuden in deinem steten Lobe stehn?

Wie sollt ich auch im tiefsten Leiden nicht triumphierend einhergehn?

Und fiele auch der Himmel ein, so will ich doch nicht traurig sein

(aus *Den Kummer sich vom Herzen singen* von Beate und Winrich Scheffbuch, hänssler)

Kirchenlieder in Jahren großer Not

Viele Lieder sind in besonders schwierigen Zeiten entstanden.

Das bekannteste Beispiel hierfür ist wohl Paul Gerhardt, der viel persönliches Leid UND den 30-jährigen Krieg durchleben musste.

Er textete über 80 Lieder, eines seiner bekanntesten ist die Vertonung von Versen aus dem 37. Psalm: „Befiehl du deine Wege".

Auch „Nun danket alle Gott" von Martin Rinckart und viele andere sind in der Zeit entstanden, wo Menschen in Gott ihren Trost fanden.

Das wohl bekannteste und beliebteste Lied dieser Kategorie aus dem 20. Jahrhundert ist „Von guten Mächten wunderbar geborgen" von Dietrich Bonhoeffer. Hier wird ebenfalls die Wirkmächtigkeit und Bedeutung der Texte aus dem Gesangbuch deutlich, die sich in das Bewusstsein und in den christlichen Glauben eingewurzelt haben.

Und wenn wir an die ersten Christen denken, die den Märtyrertod erleiden mussten – sie gingen fröhlich singend in die Arenen…

Ihr Opfer, insbesondere die unerwarteten Gesänge, schockten alle Zuschauer und hatten damit eine völlig unerwartete Tiefenwirkung.

Unser Buch möchte deshalb Mut machen, selber zu forschen und auch zu erleben, was das Geheimnis des Kirchenliedes ausmacht.

O du treuster Freund vereine

deine dir geweihte Schar,

dass sie es so herzlich meine,

wie's dein Wille immer war,

und dass, wie du eins mit ihnen,

also sie auch eins stets sei'n,

sich in wahrer Liebe dienen

und einander gern erfreun!

(Nikolaus Ludwig Graf von Zinzendorf)

Gesangbuch und Ökumene

Als Martin Luther vor 500 Jahren das evangelische Gesangbuch initiierte, hat er sich bestimmt nicht träumen lassen, das später auch die Katholische Kirche hier seinem Beispiel folgte. In deren Werk, dem *Gotteslob*, finden wir sogar Luthers bekanntestes Lied wieder: *Ein feste Burg ist unser Gott, ein gute Wehr und Waffen* (s.o.).

Genauso wie die Psalmen von allen christlichen Kirchen geehrt werden, wurden und werden glaubensstarke und fröhliche Lieder in jeder Gemeinde im Gottesdienst gesungen. Im Gesangbuch finden sich z.B. Choräle der Baptisten, Mennoniten, der Heilsarmee etc.

Voll im Trend sind die spirituellen o.g. Taize-Lieder, die von dieser ökumenischen und spirituellen Taize-Gemeinschaft stammen.

Gemeinsames Singen erfreut über alle konfessionellen Grenzen hinweg – und deshalb ist wird gern ein „offenes Singen" angeboten.

Dadurch entsteht selbstredend ein interessanter Gedankenaustausch, man lernt sich so kennen und verstehen, ohne seinen persönlichen Glauben aufgeben zu müssen. Hier entdeckt man natürlich auch die anderen, fröhlichen Kirchenlieder und lernt sie wertzuschätzen..

Somit war und ist das Gesangbuch quasi ein optimales Werkzeug für die Ökumene, das auch für die Zukunft noch große Möglichkeiten und Gelegenheiten für ein gelebtes Miteinander anbieten kann.

Wenn christliche Lieder die Herzen öffnen

Manchmal habe ich den Eindruck, dass Musik im Gottesdienst unterbewertet wird. Doch gerade die gemeinsam gesungenen Lieder (optimal mit einer instrumentalen Begleitung) öffnen einen weiten Raum für unsere Emotionen im Herzen.

Wenn man das einmal in einem „Bild" darstellt: Diese spirituellen Räume aller Gottesdienstbesucher sprengen dann Kirchenmauern.

In diesem Großraum kann sich der Heilige Geist in der Predigt des Wortes Gottes frei entfalten. Die Erfahrung lehrt, dass am besten eine „freie" Rede, die unterbewusste und unbewussten Signale und auch die Stimmungen spürt und aufnimmt, den Gottesdienst beleben kann.

Da kann ein noch so feingeschliffener und theologisch fehlerfreier Text, der abgelesen vorgetragen wird, in keinster Weise mithalten.

Sonst könnte man ja auch am Sonntag ein Buch über das Evangelium lesen. Selbst einen Gottesdienst im Fernsehen oder per Video mit zu erleben, bleibt eine „2. Wahl", weil als Basis die Gemeinschaft fehlt. Ein pensionierter Pastor hat einmal einleuchtend zusammengefasst:

„Ein Christ ist kein Christ".

Hier fallen mir viele Erlebnisse ein, die ich im Gottesdienst und mit dem Singen von Kirchenliedern haben durfte. Dazu ein für mich prägendes Beispiel, wie Lieder spontan und intensiv wirken können:

26

Singt dem Herrn ein neues Lied,
denn er tut Wunder!

Die ev. – luth.
St. – Mauritius – Kirchengemeinde Reepsholt

dankt dem Chor und dem Orchester
des neuapostolischen Gemeindeverbandes
Wiesmoor / Großefehn

für das wunderbare Konzert in St. Mauritius

am 26. Oktober 2007!

Vor Jahren wurde unser Chor aus Großefehn/Wiesmoor von dem Pastorenehepaar Neese aus Friedeburg/Reepsholt zu einem Lieder-Konzert eingeladen, das am 26. Oktober 2007 in stattfand.

Unser Dirigent Holger hatte die dortige *St. Mauritiuskirche* Tage vorher besucht. Dieses alte und ehrwürdige Gotteshaus besitzt eine wunderbare Akustik und wird „Dom Ostfrieslands" genannt, deshalb rief Holger voller Begeisterung aus: „Hier müssen wir singen!".

Die gut besuchte Veranstaltung fand am 26. Oktober 2007 statt.

„Ziehe deine Schuhe aus, denn der Ort, wo du stehst, ist heilig!" war das erste Lied, dass in dieser „Singekirche" unüberhörbar erschallte.

Unsere Zuhörer waren wie vom Donner gerührt, so etwas hatte keiner erwartet und die meisten wohl auch vorher noch nie erlebt...

Als die Pastorin sich bei unserem Dirigenten und den Mitwirkenden am Ende bedanken wollte, fehlten ihr die Worte. Sie nahm Holger in den Arm und ihre Tränen der Dankbarkeit flossen in Strömen.

Als Erinnerung an dieses beeindruckende Konzert erhielten wir als „Dank" ein besonderes Plakat, siehe Seite 27.

Einige Jahre später wurden wir wieder zu einem Konzert eingeladen mit einem anschließendem Beisammensein im Gemeindehaus.

Gerne denken wir heute noch an die mächtige Wirkung der Lieder...

Wie können wir das Gesangbuches wieder aufwerten?

Viele haben noch eine Bibel, doch wer liest gerne in diesem Buch?!

Mit dem Kirchengesangbuch sieht es wohl ähnlich aus. Wer besitzt wirklich ein eigenes, wertgeschätztes, gedrucktes Exemplar?

Heute geht man in die Kirche und leiht sich für den Gottesdienst ein Gesangbuch aus dem Ständer oder ließt den Text im Smartphone.

Eine persönliche Beziehung ist vielen leider verloren gegangen.

Aber wir können uns ein Gesangbuch bei besonderen Gelegenheiten z.B. zum Geburtstag gegenseitig schenken. Mit farbigem Lederrücken, mit Aufdruck des Namens und mit besonderer Widmung.

Hier gibt es bestimmt noch viele weitere kreative Ideen…

Das Gesangbuch selbst kann natürlich ebenfalls aufgewertet werden.

Nicht nur mit entsprechenden Melodien der Lieder wird das Buch interessanter, sondern auch mit QR-Codes, so dass wir uns den Gesang problemlos anhören bzw. die Chöre sogar ansehen können.

Einige Lieder haben dazu eine spannende Entstehungsgeschichte. Darauf kann leicht hingewiesen werden. Es gibt einige gute Links im Internet, die uns ausführliche Informationen zur Historie anbieten.

So wird unser Gesangbuch zu einer zeitgemäßen Lektüre.

Die Liederwerkstatt

Freude lässt sich oft steigern, wie z.B. das Lesen eines Buches, das einem gefällt. Das Buch zu hören oder laut vorzulesen kann hier den Genuss verstärken. Wenn man den Text sogar selber geschrieben hat, ist das noch eine andere, bessere Qualität.

Bei Liedern ist es ähnlich: Man erlebt beim Lesen eines schönen Liedes auch Freude. Den Gesang zu hören, gerne mit instrumentaler Begleitung, ist dann schon deutlich mehr. Und wenn man dazu auch selber das Lied singt, ist das wieder eine entsprechende Steigerung.

Richtig schön wird es dann, wenn der Sänger Teil eines Chores wird. Hier entsteht durch die Gemeinschaft der o.g. spirituelle Raum, den alle mit ihren Emotionen erzeugen. Gerade in einem Gottesdienst ist dieser geistige „Resonanz-Raum", den die Gemeinde durch das Singen aus dem Gesangbuch gemeinsam erstellt, so existentiell wesentlich, damit sich der Heilige Geist spürbar frei entfalten und einen jeden Gläubigen durchströmen sowie erfüllen kann.

Das produziert selbstredend eine Menge Glückshormone, die unser aller Leben unbedingt benötigt.

Die ist alles bekannt, doch hier möchte ich eine **neue** Idee vorstellen:

Heute haben viele die positive Wirkung von Gesellschaftsspielen wiederentdeckt. Man sitzt an einem Tisch, die Gemeinschaft mit anderen Menschen tut jedem gut, es erfolgt ein Gedankenaustausch, es wird viel gelacht, man fühlt sich in der kreativen Spontanität wohl.

Mein „Gesellschaftsspiel" heißt **Die Liederwerkstatt**.

Dabei könnte es folgende Spielregeln geben:

Ziel ist, eine neue Strophe für ein bekanntes Lied zu finden.

Anfangs schlägt ein Spieler ein oder mehrere Worte vor. Wenn alle damit einverstanden sind, kommt der nächste dran. Ist ein neuer Vers gelungen und für gut befunden, werden die Worte eines jeden gezählt. Wer die meisten Worte dazu beitragen konnte, hat das Spiel gewonnen. Natürlich wird der neue Text dann auch gemeinsam gesungen, was mit Sicherheit die Freude aller krönt.

Dieses Spiel darf natürlich nicht verbissen und mit falschem Ehrgeiz erfolgen, sondern der gemeinsame Spaß bleibt hier der Mittelpunkt. Jede Gruppe kann selbstredend die Regeln individuell verändern.

Hier einige Beispiele:

<u>alter Text</u>	<u>neuer Text</u>
Ein Gärtner geht im Garten,	*Ein Gärtner geht im Garten*
wo tausend Blumen blühn.	*und seht, wie er sich freut,*
Sie alle treu zu warten	*wenn sich bei seinen Blümlein*
ist einzig sein Bemüh'n.	*plötzlich ein neues zeigt.*

alter Text	neuer Text
Gott ist die Liebe,	*Gott ist die Freude,*
lässt mich erlösen,	*möchte begeistern,*
Gott ist die Liebe,	*Gott ist die Freude,*
er liebt auch mich.	*die uns erfüllt.*

alter Text	neuer Text
Lobe den Herren,	*Lobet den Herren,*
den mächtigen König der Ehren!	*der alles aus nichts ließ entstehen,*
Meine geliebete Seele,	*der dich und auch mich von Anfang*
das ist mein Begehren.	*an hat schon gesehen*
Kommet zu Hauf!	*Er lädt uns ein*
Psalter und Harfe wacht auf!	*zum Fest mit Brot und mit Wein,*
Lasset den Lobgesang hören!	*lasst uns das niemals entgehen!*

Lobe den Herren,	*Lobe den Herren,*
der alles so herrlich regieret,	*der heute Apostel gesendet,*
der dich mit Adelers	*dass sich ein jeder mit*
Fittichen sicher geführet,	*Freuden zu Christus hinwendet.*
der dich erhält,	*Schaut nur auf ihn,*
wie es dir selber gefällt,	*Seelen, das ist ein Gewinn!*
hast du nicht dieses verspüret?	*Liebe des Höchsten nie endet.*

alter Text	neuer Text
Lasst uns fröhlich Lieder singen,	*Lasst uns fröhlich Lieder singen*
eins im Lieben in dem Herrn!	*in der Nachfolge des Herrn.*
Nur der Liebe kann's gelingen,	*Wenn die Herzen hörbar klingen,*
Neid und Hader bleibe fern!	*freuen wir uns alle gern.*
Sind auch mannigfach die Saiten,	*Sind auch vielfältig die Stimmen,*
eine Harfe fasset sie,	*unser Chor nimmt jede auf.*
lasst uns unsre Herzen weiten	*Darum wir den Kehlkopf trimmen,*
zu der Liede Harmonie!	*nehmen Opfer mal in Kauf.*
Stehet fest auf dem Grund,	*Komm doch mit, Schritt für Schritt,*
haltet treu den Liebesbund,	*auf dem Pfad durch Wort und Tat,*
stehet fest auf dem Grund,	*komm doch mit, Schritt für Schritt,*
haltet treu den Liebesbund!	*auf dem Pfad durch Wort und Tat!*

Allerdings können wir hier nicht erwarten, dass die neuen Verse von einer Gesangbuchkommission aufgegriffen werden und dann verwendet werden. Doch darum geht es ja nicht. Gemeinsam sich fröhlich mit dem Lob Gottes zu beschäftigen, das ist auch heute noch eine wunderbare Herausforderung!

Das geht in die Tiefe und stärkt unser Bewusstsein für das Evangelium. Und wenn zu dieser Gemeinschaftsarbeit Gäste eingeladen werden, kann die Begeisterung aller entsprechend wachsen.

Aus hier gilt das alte Sprichwort:

Freude, die man gibt, kehrt tausendfach wieder zurück!

Gott ist gegenwärtig.
Lasset uns anbeten
und in Ehrfurcht vor ihn treten.
Gott ist in der Mitten.
Alles in uns schweige
und sich innigst vor ihm beuge.
Wer ihn kennt, wer ihn nennt,
schlag die Augen nieder;
kommt, ergebt euch wieder!

Du durchdringest alles;
lass dein schönstes Lichte,
Herr, berühren mein Gesichte!
Wie die zarten Blumen
willig sich entfalten
und der Sonne stille halten,
lass mich so still und froh
deine Strahlen fassen
und dich wirken lassen!

Mache mich einfältig,
innig, abgeschieden,
sanft und still in deinem Frieden!
Mach mich reines Herzens,
dass ich deine Klarheit
schauen mag in Geist und Wahrheit.
Lass mein Herz himmelwärts
wie ein Adler schweben
und in dir nur leben!

von Gerhard Tersteegen

Wer singt, betet doppelt! – Anregungen zum „Einstimmen"

Der Ausspruch: „Wer singt, betet doppelt!" wird Augustinus von Hippo (354-430) zugeschrieben. Die Lehren des „Kirchenvater" haben die Kirche bis in die Gegenwart geprägt. Als erster in der Westkirche wurden von ihm Klöster gegründet – und er gab den Mönchen eine „Regel". Im Laufe der Jahrhunderte entstanden in ganz Europa zahlreiche Mönchsgemeinden.

Im 13. Jahrhundert nannte sich der 4. Bettelorden „Augustinerorden", ein Zusammenschluss von viel älteren Gemeinschaften und Eremitengruppen. Selbstredend lebten die Mönche, wie schon etliche Klostergemeinschaften vorher, nach den Regeln ihres großen Lehrmeisters Augustinus.

Das **Augustinerkloster in Erfurt** wurde von Augustiner-Eremiten ab 1277 erbaut. Hier lebte und „lernte" **Martin Luther** als Mönch. Er kannte nicht nur o.g. „Regeln", sondern hatte Leben und Schriften von Augustinus intensiv studiert. Mit Sicherheit schätzte er auch: ***Wer singt, betet doppelt!***

So erklärt sich das Anliegen Luthers, den Gemeindegesang zu fördern und immer mehr Verständnis und Bekenntnis des Evangeliums zu stärken.

Dazu gibt es erstaunliche Parallelen zum Lebens von Augustinus, sowohl zu Apostel Paulus als auch zu Martin Luther:

Augustinus hatte von Kindheit an eine erstklassige Ausbildung, u.a. von seiner christlichen Mutter, erfahren. In der Jugend kam er allerdings auf „Abwegen" und schloss sich z.B. einer Jungendbande an. Nach dieser Phase studierte er weiter, wurde Lehrer und interessierte sich für das Christentum, besonders für die Schriften von **Paulus**, dessen Gnadenlehre später einer seiner Schwerpunkte wurde.

„Im selben Jahr geriet Augustinus in eine intellektuelle, psychische und körperliche Krise, worauf er seinen Beruf aufgab." (aus Wikipedia)

Am 15. 08. 386 hatte er ein religiöses Bekehrungserlebnis, das ihn dazu veranlasste, sich dem Christentum ganz und gar hinzuwenden. Augustinus beschrieb es so: *„Als mir mein Elend bewusst wurde, legte ich mich weinend unter einem Feigenbaum und sprach zu Gott. Plötzlich hörte ich eine Kinderstimme, die wieder und wieder rief: ‚Nimm und lies!'"* Anschließend nahm er ein Buch mit den Paulusbriefen, schlug es auf und las den Text: *„(Lasst uns ehrbar leben wie am Tage;) nicht in Fressen und Saufen, nicht* *in Wollust und Unzucht, nicht in Hader und Neid, sondern ziehet den Herrn Jesus Christus an und pflegt das Fleisch nicht zur Erregung eurer Lüste"* (Röm 13,13–14 EU). Sein Freund Alypius, der bei ihm war, las dann den darauffolgenden Vers: *"Des Schwachen im Glauben aber nehmt euch an"* (Röm 14,1 EU). Alypius verband sich anschließend mit Augustinus.

Hier haben Verse aus dem Römerbrief von **Paulus** dem Leben Augustinus' eine völlig neue Ausrichtung gegeben. Genauso erfuhr es Paulus selbst, als er die Stimme Jesu hörte: *"Und ich fiel zu Boden und hörte eine Stimme, die sprach zu mir: Saul, Saul, was verfolgst du mich?"* (Ag 22,7 LU)

Auch Martin Luther erlebte einen ganz besonderen Schlüsselmoment, als er im Römerbrief 1,17 las: *"Im Evangelium wird offenbart die Gerechtigkeit, die vor Gott gilt, welche kommt aus Glauben in Glauben; wie geschrieben steht. "Der Gerechte wird aus Glauben leben."* Luther sagte später dazu: *"Da hatte ich das Empfinden, ich sei geradezu von Neuem geboren und durch geöffnete Türen in das Paradies eingetreten."*

Dadurch erkannt er, dass nicht „gute Werke" uns gerecht machen, sondern **allein der „Glaube"**. Deshalb ist „Gottes Gnade nicht käuflich!"

Verständlicherweise „musste" Martin Luther darum den Ablasshandel der Kirche bekämpfen, bei dem man sich von aller Sünde „freikaufen" konnte!

Dazu konnte Martin Luther bei seiner Reise nach Rom mit eigenen Augen sehen, dass das „Ablassgeld" eigentlich für den Bau eines „monumentalen Kunstwerks" des Papstes (Petersdom) diente, was für ihn die Ferne der damaligen Kirche vom eigentlichen Evangelium entsprechend bestätigte.

Umso mehr zog der Reformator jetzt alle „Register" – also auch das Singen der ganzen Gemeinde im Gottesdienst –, um das Evangelium wieder neu zu beleben. Nicht umsonst wurde die Kirche, die aus dem Wirken Luthers nun entstand, auch „Evangelische" Kirche genannt. Er hatte in Paulus, dem Apostel und „Missionar" der antiken Welt, sowie in seinem Ordensgründer Augustinus großartige Vorbilder. Aus diesem Grund baute Luther den genialen Slogan **„Wer singt, betet doppelt!"** in nachhaltiger Weise aus.

Doch wie sieht es mit dem „Singen" und „Beten" in der Gegenwart aus?! Haben wir das vergessen oder verlernt, ist es aus unserem Alltag nach und nach völlig verschwunden? Wurde er durch einen neuen Slogan ersetzt?

Vielleicht durch diesen **„Wer nur sich selber sucht, verliert doppelt!"** –
So verliert er nämlich die Beziehung zu Gott **und** zu seinem Nächsten…

Und wie sieht der „Ablasshandel" (mit zig Billionen Dollar Umsätzen)
heute aus, wo unzählige „neue" Medien uns allen großartige „Glücksmo-
mente" versprechen, indem sie eine „monumentale Kunstwelt" errichten?

Doch die DNA des Menschen wurde in Millionen von Jahren geschaffen,
das kann weder facebook noch tiktok – und schon gar nicht die KI ändern.

Der Mensch ist und bleibt ein soziales, sensibles und geistiges Wesen, er
braucht, um wirklich glücklich zu sein, die Kontakte und Beziehungen aus
„Fleisch und Blut", sowie als Nahrung für die Seele „Brot und Wein", wie
es sich beim Gemeinschaftsmahl mit Jesus Christus am intensivsten zeigt.

Deshalb bin ich fest davon überzeugt, dass es, wie bei Paulus, Augustinus
und auch Luther, noch bei vielen Menschen neue Erfahrungen geben wird,
die für sie großartiger „Schlüssel" für ein ganz anderes Leben werden.

Christen können gar nicht anders, als hoffnungsvoll und mit Zuversicht auf
die Zukunft zu warten, kennen wir doch den „Weckruf" des Kirchenliedes:

*„Wachet auf, ruft uns die **Stimme**,*

der Wächter sehr hoch auf der Zinne,

wach auf, du Stadt Jerusalem!"

Paulus und Augustinus wurden durch eine **Stimme**, Luther durch den
Römerbrief wachgerüttelt.

Das **Gesangbuch** macht unsere **Stimme** zu einem fröhlichen Werkzeug der
Liebe Gottes, IHM zum Lobe und allen Menschen zur Freude, damit die
frohe Botschaft, das Evangelium Jesu, weiter wachgehalten wird.

Lasst uns alle freudig in Lobgesang und bewusstem Gebet „einstimmen"!

Braunschweig, 17. Juni 2024, der Herausgeber

GOTT IST
GEGENWÄRTIG

Ein Lied von
Gerhard Teersteegen

Gerhard Kaiser

ISBN: 9783754357705, 52 Seiten, € 5,99

„Ich möchte hier das viel gesungene Kirchenlied ‚Gott ist gegenwärtig' des berühmten reformierten Pietisten und Mystikers Gerhard Tersteegen von 1929 herausgreifen, weil es ein eindringliches Beispiel dafür ist, wie enge Beziehungen und tiefe dichterische Verwandlung ineinandergreifen können." Gerhard Kaiser

„Vor einigen Tagen dachte ich mit großer Freude und Dankbarkeit daran, dass das Hohelied der Anbetung Gottes in unserer Kirche immer öfter gesungen wird. Am 16. Juni besuchte ich den Sonntagsgottesdienst in der Gemeinde Lehre (Braunschweig II). Als Eingangslied sang die Gemeinde „Gott ist gegenwärtig". Meine Frau war auf Grund einer Erkältung zu Hause geblieben und erlebte per Übertragung den Gottesdienst aus Halle an der Saale. Auch hier wurde o.g. Lied zu Beginn von der Gemeinde gesungen. Zum Abendmahl sah sie sich dann den Gottesdienst aus der Braunschweig I an. Hier sang die Gemeinde, weil wir in dem Abendmahl stets die Gegenwart von Jesus Christus feiern, das gleiche Lied. Am Sonntagmittag haben wir uns das dann freudig und dankbar gegenseitig erzählt..."

(aus unserem neuen Buch „Leben mit Liedern", der Herausgeber)

SOLLT ICH
MEINEM GOTT
NICHT SINGEN?

Wie Paul Gerhard den
dreieinigen Gott preist

Wilfried Nill

ISBN: 9783754344989, 60 Seiten, € 5,00

„O du fröhliche..." gehört zu den beliebten Weihnachtsliedern. Das macht Mut! Denn oft habe ich mich gefragt, ob das Wort **„Fröhlichkeit"** aus der Zeit gefallen ist. **„Fröhlich"** kann man sein und „Spaß" kann man haben. Stellt sich hier etwa die Frage nach „Sein und Haben"?!

In unserem Kindergottesdienst hieß unser Lieblingslied: *„Lasst die Herzen **immer fröhlich** und mit Dank erfüllet sein, denn der Vater in dem Himmel nennt uns seine Kinderlein"* Wenn wir heute im Seniorenkreis zusammen sind, wird dieses Lied gerne gesungen – auswendig...

Zum 400. Geburtstag von Paul Gerhardt (1607–1676) hielt Pfarrer i.R. Wilfried Nill am 30. 5. **2007** im Hans-Rießer-Haus in Heilbronn den vorliegenden Vortrag über das Lied von Paul Gerhardt: *„Sollt ich meinem Gott nicht singen, sollt ich ihm nicht **fröhlich** sein?"*

ISBN: 9783734717765, 20 Seiten, € 7,90

Das Arrangement kann sowohl für den solistischen Vortrag als auch zur Gesangsbegleitung genutzt werden. Die drei Strophendurchgänge sind in sich geschlossen und folgen dem Melodieverlauf, sie können auch einzeln gespielt werden. Jedem Instrument ist ein Strophendurchgang zugeteilt, in welches es die Melodie spielt und klanglich dominiert.

Die Tempi sind nur Empfehlungen und können nach Belieben angepasst werden.

Der mittlere Schwierigkeitsgrad richtet sich an AmateurmusikerInnen und fortgeschrittene Schüler. Neben der gemeinsamen Flöten/ Violinstimme gibt es als separate Einzelstimme eine erleichterte Violinstimme, in der die meisten Passagen eine Oktave tiefer notiert sind.

Im Klaviersatz hatte die Einfachheit des Schriftbildes Vorrang vor konventioneller Stimmführung. Für jeden Klavierspieler ist leicht erkennbar, dass das rechte Pedal benutzt werden muss und Pedalwechsel sich aus den Harmoniewechseln ergeben. Außerdem wenden die meisten Spieler das Pedal ohnehin intuitiv an und halten sich nicht an genaue Vorschriften. Aus diesem Grunde wurde auf Pedalzeichen verzichtet.

Gleiches gilt für die Phrasierung im Klaviersatz: Nur im dritten Strophendurchgang, bei dem das Klavier dominiert und die Melodie mitspielt, wurde sie hinzugefügt. Im ersten und zweiten Strophendurchgang, bei denen das Klavier Begleitfiguren spielt, wurden sie weggelassen; das Legato ergibt sich hier aus der Pedalanweisung von selbst.

Viel Freude beim Musizieren, *Wilhelm Albert Makus*

Hier weitere Infos zur Geschichte des Gesangbuchs